Impressum
Verlag: BABADADA GmbH, Nedderfeld 112 , 22529 Hamburg
Geschäftsführer / Verlagsleitung: Harald Hof
Druck: Books on Demand GmbH, In de Tarpen 42, 22848 Norderstedt

Imprint
Publisher: BABADADA GmbH, Nedderfeld 112 , 22529 Hamburg, Germany
Managing Director / Publishing direction: Harald Hof
Print: Books on Demand GmbH, In de Tarpen 42, 22848 Norderstedt, Germany

классная комната
classroom

делить
divide

186/2

доска
board

школьный двор
school yard

учитель
teacher

бумага
paper

писать
write

ручка
pen

письменный стол
desk

линейка
ruler

книга
book

ученик
pupil

ранец

satchel

пенал

pencil case

карандаш

pencil

точилка

pencil sharpener

ластик

rubber

альбом для рисования

drawing pad

рисунок

drawing

кисточка

paintbrush

коробка красок

paint box

ножницы

scissors

клей

glue

тетрадь

exercise book

домашняя работа

homework

цифра

number

прибавлять

add

вычитать

subtract

умножать

multiply

считать

calculate

буква

letter

алфавит

alphabet

слово

word

текст

text

читать

read

мел

chalk

урок

lesson

классный журнал

register

экзамен

exam

диплом

certificate

школьная форма

school uniform

образование

education

энциклопедия

encyclopedia

университет

university

микроскоп

microscope

карта

map

корзина для бумаг

paper bin

гостиница
hotel

турбаза
hostel

пункт обмена валюты
bureau de change

чемодан
suitcase

автомобиль
car

язык

language

да / нет

yes / no

хорошо

Okay

Привет

hello

переводчик

translator

Спасибо

Thank you

Сколько стоит…?

how much does … cost?

Я не понимаю

I do not understand

проблема

problem

Добрый вечер!

Good evening!

Доброе утро!

Good morning!

Доброй ночи!

Good night!

До свидания

bye bye

направление

direction

багаж

luggage

сумка

bag

рюкзак

backpack

гость

guest

комната

room

спальный мешок

sleeping bag

палатка

tent

туристическая
информация
tourist information

пляж
beach

кредитная карточка
credit card

завтрак
breakfast

обед
lunch

ужин
dinner

билет
ticket

лифт
lift

почтовая марка
stamp

граница
border

таможня
customs

посольство
embassy

виза
visa

паспорт
passport

самолёт
aeroplane

корабль
ship

пожарный автомобиль
fire engine

автобус
bus

грузовик
truck

моторная лодка
motorboat

велосипед
bike

автомобиль
car

паром

ferry

лодка

boat

мотоцикл

motorbike

полицейский автомобиль

police car

гоночный автомобиль

racing car

арендованный
автомобиль
rental car

совместное пользование
автомобилями
car sharing

буксировочный
автомобиль
breakdown truck

мусоровоз
refuse truck

двигатель
motor

топливо
fuel

заправка
petrol station

дорожный знак
traffic sign

движение
traffic

пробка
traffic jam

автостоянка
car park

вокзал
train station

рельсы
tracks

поезд
train

трамвай
tram

вагон
carriage

вертолёт

helicopter

аэропорт

airport

вышка

tower

пассажир

passenger

контейнер

container

коробка

carton

тележка

cart

корзина

basket

взлетать / приземляться

take off / land

город

city

деревня

village

центр города

city centre

дом

house

кинотеатр
cinema

реклама
advert

уличный фонарь
street light

CINEMA

улица
street

такси
taxi

киоск
snack shop

пешеход
pedestrian

тротуар
pavement

пешеходный переход
zebra crossing

мусорное ведро
bin

перекрёсток
crossing

светофор
traffic lights

хижина
hut

квартира
flat

вокзал
train station

ратуша
town hall

музей
museum

школа
school

университет

university

банк

bank

больница

hospital

гостиница

hotel

аптека

pharmacy

офис

office

книжный магазин

book shop

магазин

shop

цветочный магазин

florist's

супермаркет

supermarket

рынок

market

универмаг

department store

торговец рыбой

fishmonger's

торговый центр

shopping centre

порт

harbour

парк

park

скамейка

bench

мост

bridge

лестница

stairs

метро

underground

тоннель

tunnel

автобусная остановка

bus stop

бар

bar

ресторан

restaurant

почтовый ящик

postbox

табличка с названием улицы

road sign

паркометр

parking meter

зоопарк

zoo

бассейн

swimming pool

мечеть

mosque

ферма

farm

загрязнение окружающей среды

pollution

кладбище

graveyard

церковь

church

детская площадка

playground

храм

temple

ландшафт

landscape

лист
leaf

дорожный указатель
signpost

дорога
way

луг
meadow

камень
stone

дерево
tree

путешественник
hiker

река
river

трава
grass

цветок
flower

долина

valley

гора

hill

озеро

lake

лес

forest

пустыня

desert

вулкан

volcano

замок

castle

радуга

rainbow

гриб

mushroom

пальма

palm tree

комар

mosquito

муха

fly

муравей

ant

пчела

bee

паук

spider

жук

beetle

лягушка

frog

белка

squirrel

еж

hedgehog

заяц

hare

сова

owl

птица

bird

лебедь

swan

кабан

boar

олень

deer

лось

moose

плотина

dam

ветряной генератор

wind turbine

солнечная батарея

solar panel

климат

climate

официант
waiter

меню
menu

стул
chair

суп
soup

пицца
pizza

столовые приборы
cutlery

скатерть
tablecloth

закуска

starter

главное блюдо

main course

десерт

dessert

напитки

drinks

еда

food

бутылка

bottle

фастфуд

fast food

уличная еда

street food

чайник

teapot

сахарница

sugar bowl

порция

portion

кофеварка

espresso machine

детский стульчик

high chair

счет

bill

поднос

tray

нож

knife

вилка

fork

ложка

spoon

чайная ложка

teaspoon

салфетка

serviette

стакан

glass

тарелка

plate

суповая тарелка

soup plate

блюдце

saucer

соус

sauce

солонка

salt cellar

мельница для перца

pepper mill

уксус

vinegar

масло

oil

специи

spices

кетчуп

ketchup

горчица

mustard

майонез

mayonnaise

специальное предложение
special offer

покупатель
customer

молочные продукты
dairy

фрукты
fruit

тележка для покупок
trolley

мясной магазин

butcher´s

пекарня

baker´s

взвешивать

weigh

овощи

vegetables

мясо

meat

быстрозамороженные
продукты

frozen food

нарезка

cold meat

консервы

tinned food

стиральный порошок

washing powder

сладости

sweets

предмет домашнего обихода

household products

моющее средство

cleaning products

продавщица

salesperson

касса

till

кассир

cashier

список покупок

shopping list

время работы

opening hours

бумажник

wallet

кредитная карточка

credit card

сумка

bag

полиэтиленовый пакет

plastic bag

супермаркет - supermarket

21

вода

water

сок

juice

молоко

milk

кока-кола

coke

вино

wine

пиво

beer

алкоголь

alcohol

какао

cocoa

чай

tea

кофе

coffee

эспрессо

espresso

капучино

cappuccino

банан

banana

яблоко

apple

апельсин

orange

арбуз

melon

лимон

lemon

морковь

carrot

чеснок

garlic

бамбук

bamboo

лук

onion

гриб

mushroom

орехи

nuts

лапша

noodles

спагетти

spaghetti

рис

rice

салат

salad

картофель фри

chips

жареный картофель

fried potatoes

пицца

pizza

гамбургер

hamburger

сэндвич

sandwich

шницель

cutlet

ветчина

ham

салями

salami

колбаса

sausage

курица

chicken

жаркое

roast

рыба

fish

овсяные хлопья

porridge oats

мюсли

muesli

кукурузные хлопья

cornflakes

мука

flour

круассан

croissant

булочка

bread roll

хлеб

bread

тост

toast

печенье

biscuits

масло

butter

творог

curd

пирог

cake

яйцо

egg

яичница

fried egg

сыр

cheese

мороженое

ice cream

сахар

sugar

мёд

honey

мармелад

jam

крем с нугой

chocolate spread

карри

curry

крестьянский дом
farmhouse

сарай
barn

тюк из соломы
straw bale

поле
field

лошадь
horse

прицеп
trailer

жеребёнок
foal

трактор
tractor

осёл
donkey

ягнёнок
lamb

овца
sheep

коза

goat

корова

cow

телёнок

calf

свинья

pig

поросёнок

piglet

бык

bull

ферма - farm

27

гусь

goose

утка

duck

цыплёнок

chick

курица

hen

петух

cock

крыса

rat

кошка

cat

мышь

mouse

вол

ox

собака

dog

конура

doghouse

садовый шланг

garden hose

лейка

watering can

коса

scythe

плуг

plough

серп

sickle

мотыга

hoe

навозные вилы

pitchfork

топор

axe

тачка

wheelbarrow

корыто

trough

бидон для молока

milk can

мешок

sack

забор

fence

хлев

stable

теплица

greenhouse

почва

soil

посев

seed

удобрение

fertilizer

комбайн

combine harvester

собирать урожай

harvest

урожай

harvest

ямс

yams

пшеница

wheat

соя

soy

картофель

potato

кукуруза

corn

рапс

rapeseed

фруктовое дерево

fruit tree

маниок

cassava

злаки

cereals

дымоход
chimney

крыша
roof

водосточный желоб
drain pipe

окно
window

гараж
garage

звонок
doorbell

мусорное ведро
rubbish bin

дверь
door

почтовый ящик
letterbox

сад
garden

гостиная

living room

ванная комната

bathroom

кухня

kitchen

спальня

bedroom

детская комната

child's room

столовая

dining room

пол

floor

стена

wall

потолок

ceiling

подвал

cellar

сауна

sauna

балкон

balcony

терраса

terrace

бассейн

pool

газонокосилка

lawn mower

пододеяльник

sheet

покрывало

bedspread

кровать

bed

метла

broom

ведро

bucket

выключатель

switch

обои
wallpaper

рисунок
picture

лампа
lamp

полка
shelf

шкаф
cupboard

камин
fireplace

телевизор
television

цветок
flower

подушка
cushion

ваза
vase

диван
sofa

пульт дистанционного управления
remote control

ковёр

carpet

штора

curtain

стол

table

стул

chair

кресло-качалка

rocking chair

кресло

armchair

книга

book

покрывало

blanket

украшение

decoration

дрова

firewood

фильм

film

стереосистема

hi-fi equipment

ключ

key

газета

newspaper

картина

painting

плакат

poster

радио

radio

блокнот

notepad

пылесос

hoover

кактус

cactus

свеча

candle

холодильник
fridge

микроволновая печь
microwave oven

кухонные весы
kitchen scales

тостер
toaster

моющее средство
detergent

морозилка
freezer

духовка
oven

мусорное ведро
rubbish bin

посудомоечная машина
dishwasher

плита

cooker

кастрюля

pot

чугунный котелок

cast-iron pot

вок / кадай

wok / kadai

сковорода

pan

чайник

kettle

пароварка

steamer

противень

baking tray

посуда

crockery

кружка

mug

миска

bowl

палочки для еды

chopsticks

половник

ladle

лопатка

spatula

сбивалка

whisk

сито

strainer

сито

sieve

тёрка

grater

ступка

mortar

гриль

barbecue

костёр

open fire

доска

chopping board

скалка

rolling pin

штопор

corkscrew

жестяная банка

can

консервный нож

can opener

прихватка

pot holder

раковина

sink

щетка

brush

губка

sponge

миксер

blender

морозильная камера

deep freezer

бутылочка для кормления

baby bottle

кран

tap

отопление
heating

душ
shower

полотенце
towel

душевая занавеска
shower curtain

пенистая ванна
bubble bath

ванна
bathtub

стакан
glass

стиральная машина
washing machine

кран
tap

плитка
tiles

горшок
potty

раковина
sink

туалет
toilet

напольный унитаз
squat toilet

биде
bidet

писсуар
urinal

туалетная бумага
toilet paper

ершик
toilet brush

зубная щетка

toothbrush

зубная паста

toothpaste

зубная нить

dental floss

мыть

wash

ручной душ

handheld shower

интимный душ

douche

таз

basin

щетка для спины

back brush

мыло

soap

гель для душа

shower gel

шампунь

shampoo

мочалка

flannel

сток

drain

крем

cream

дезодорант

deodorant

зеркало

mirror

ручное зеркало

hand mirror

бритва

razor

пена для бритья

shaving foam

лосьон после бритья

aftershave

расческа

comb

щетка

brush

фен

hair dryer

лак для волос

hairspray

косметика

makeup

губная помада

lipstick

лак для ногтей

nail varnish

вата

cotton wool

маникюрные ножницы

nail scissors

духи

perfume

косметичка

washbag

табуретка

stool

весы

weighing scale

халат

bathrobe

резиновые перчатки

rubber gloves

тампон

tampon

гигиеническая прокладка

sanitary towel

биотуалет

chemical toilet

будильник
alarm clock

мягкая игрушка
cuddly toy

игрушечный автомобиль
toy car

погремушка
rattle

кукольный домик
doll's house

подарок
present

воздушный шар

balloon

кровать

bed

детская коляска

pram

карточная игра

deck of cards

пазл

jigsaw

комикс

comic

кирпичики Лего

lego bricks

кубики

building blocks

игрушечная фигурка

action figure

ползунки

romper suit

фрисби

Frisbee

мобиле

mobile

настольная игра

board game

кубик

dice

модель железной дороги

model train set

соска

dummy

вечеринка

party

книга с картинками

picture book

мяч

ball

кукла

doll

играть

play

песочница

sandpit

качели

swing

игрушка

toys

игровая приставка

video game console

трёхколесный велосипед

tricycle

плюшевый медвежонок

teddy bear

шкаф для одежды

wardrobe

одежда

clothing

носки

socks

чулки

stockings

колготки

tights

шарф
scarf

ремень
belt

зонтик
umbrella

футболка
t-shirt

кроссовки
trainers

сапоги
boots

тапки
slippers

сандалии
sandals

ботинки
shoes

резиновые сапоги
rubber boots

трусы
underpants

бюстгальтер
bra

майка
vest

боди

body

брюки

trousers

джинсы

jeans

юбка

skirt

блузка

blouse

рубашка

shirt

свитер

pullover

свитер

hoodie

спортивная куртка

blazer

жакет

jacket

пальто

coat

плащ

raincoat

костюм

costume

платье

dress

свадебное платье

wedding dress

мужской костюм

suit

ночная сорочка

nightgown

пижама

pyjamas

сари

sari

платок

headscarf

тюрбан

turban

паранджа

burqa

кафтан

kaftan

абайя

abaya

купальник

swimsuit

плавки

trunks

шорты

shorts

спортивный костюм

tracksuit

фартук

apron

перчатки

gloves

пуговица

button

очки

glasses

браслет

bracelet

цепочка

necklace

кольцо

ring

серьга

earring

шапка

cap

вешалка

coat hanger

шляпа

hat

галстук

tie

застежка молния

zipper

шлем

helmet

подтяжки

braces

школьная форма

school uniform

форма

uniform

детский нагрудник
....
bib

соска
....
dummy

подгузник
....
nappy

офис
office

канцелярский шкаф
filing cabinet

сервер
server

принтер
printer

бумага
paper

монитор
monitor

письменный стол
desk

мышь
mouse

папка
folder

клавиатура
keyboard

корзина для бумаг
paper bin

стул
chair

компьютер
computer

кофейная кружка
....
coffee mug

калькулятор
....
calculator

интернет
....
internet

ноутбук

laptop

письмо

letter

сообщение

message

мобильный телефон

mobile

сеть

network

ксерокс

photocopier

программа

software

телефон

telephone

розетка

plug socket

факс

fax machine

формуляр

form

документ

document

покупать

buy

платить

pay

торговать

trade

деньги

money

доллар

dollar

евро

euro

иена

yen

рубль

rouble

франк

Swiss franc

жэньминьби юань

renminbi yuan

рупия

rupee

банкомат

cashpoint

пункт обмена валюты

bureau de change

золото

gold

серебро

silver

нефть

oil

энергия

energy

цена

price

договор

contract

налог

tax

акция

stock

работать

work

служащий

employee

работодатель

employer

фабрика

factory

магазин

shop

милиционер
police officer

пожарный
fireman

повар
cook

врач
doctor

пилот
pilot

садовник

gardener

столяр

carpenter

швея

seamstress

судья

judge

химик

chemist

актёр

actor

водитель автобуса

bus driver

таксист

taxi driver

рыбак

fisherman

уборщица

cleaning lady

кровельщик

roofer

официант

waiter

охотник

hunter

художник

painter

пекарь

baker

электрик

electrician

строитель

builder

инженер

engineer

мясник

butcher

сантехник

plumber

почтальон

postman

солдат

soldier

архитектор

architect

кассир

cashier

флорист

florist

парикмахер

hairdresser

кондуктор

conductor

механик

mechanic

капитан

captain

зубной врач

dentist

ученый

scientist

раввин

rabbi

имам

imam

монах

monk

священник

clergyman

молоток
hammer

плоскогубцы
pliers

отвёртка
screwdriver

гаечный ключ
spanner

карманный фон
torch

экскаватор

digger

ящик для инструментов

toolbox

стремянка

ladder

пила

saw

гвозди

nails

дрель

drill

ремонтировать

repair

лопата

shovel

Блин!

Damn!

совок

dustpan

ведро с краской

paint pot

винты

screws

музыкальные инструменты
musical instruments

ударный инструмент
drum kit

громкоговоритель
loudspeaker

гитара
guitar

контрабас
double bass

труба
trumpet

пианино

piano

скрипка

violin

бас-гитара

bass

литавры

timpani

барабан

drums

синтезатор

keyboard

саксофон

saxophone

флейта

flute

микрофон

microphone

тигр
tiger

вход
entrance

клетка
cage

зебра
zebra

корм
animal feed

панда
panda

животные

animals

слон

elephant

кенгуру

kangaroo

носорог

rhino

горилла

gorilla

медведь

bear

верблюд

camel

страус

ostrich

лев

lion

обезьяна

monkey

фламинго

flamingo

попугай

parrot

белый медведь

polar bear

пингвин

penguin

акула

shark

павлин

peacock

змея

snake

крокодил

crocodile

служитель зоопарка

zookeeper

тюлень

seal

ягуар

jaguar

пони

pony

леопард

leopard

бегемот

hippo

жираф

giraffe

орёл

eagle

кабан

boar

рыба

fish

черепаха

turtle

морж

walrus

лиса

fox

газель

gazelle

американский футбол
American football

езда на велосипеде
cycling

теннис
tennis

баскетбол
basketball

плавание
swimming

бокс
boxing

хоккей
ice hockey

футбол

football

бадминтон

badminton

лёгкая атлетика

athletics

гандбол

handball

лыжный спорт

skiing

поло

polo

смеяться
laugh

прыгать
jump

обнимать
hug

идти
walk

петь
sing

мечтать
dream

молиться
pray

целовать
kiss

писать
write

рисовать
draw

показывать
show

нажимать
push

давать
give

брать
take

иметь
have

делать
do

быть
be

стоять
stand

бежать
run

тянуть
pull

бросать
throw

падать
fall

лежать
lie

ждать
wait

носить
carry

сидеть
sit

надевать
get dressed

спать
sleep

просыпаться
wake up

рассмотривать

look at

плакать

cry

гладить

stroke

причесывать

comb

говорить

talk

понимать

understand

спрашивать

ask

слушать

listen

пить

drink

кушать

eat

наводить порядок

tidy up

любить

love

готовить

cook

ехать

drive

летать

fly

ходить под парусом

sail

считать

calculate

читать

read

учиться

learn

работать

work

вступать в брак

marry

шить

sew

чистить зубы

brush teeth

убивать

kill

курить

smoke

отправлять

send

бабушка
grandmother

дедушка
grandfather

папа
father

мама
mother

младенец
baby

дочь
daughter

сын
son

гость

guest

тетя

aunt

дядя

uncle

брат

brother

сестра

sister

лоб
forehead

глаз
eye

плечо
shoulder

палец
finger

лицо
face

подбородок
chin

кисть
hand

грудь
breast

нога
leg

рука
arm

младенец

baby

мужчина

man

женщина

woman

девочка

girl

мальчик

boy

голова

head

спина

back

живот

belly

пупок

belly button

палец ноги

toe

пятка

heel

кость

bone

бедро

hip

колено

knee

локоть

elbow

нос

nose

ягодицы

bottom

кожа

skin

щека

cheek

ухо

ear

губа

lip

рот

mouth

зуб

tooth

язык

tongue

мозг

brain

сердце

heart

мышца

muscle

лёгкое

lung

печень

liver

желудок

stomach

почки

kidneys

половой акт

sex

презерватив

condom

яйцеклетка

ovum

сперма

semen

беременность

pregnancy

менструация

menstruation

вагина

vagina

пенис

penis

бровь

eyebrow

волосы

hair

шея

neck

больница
hospital

машина скорой помощи
ambulance

кресло-каталка
wheelchair

перелом
fracture

врач

doctor

пункт первой помощи

emergency room

медсестра

nurse

неотложный случай

emergency

без сознания

unconscious

боль

pain

повреждение

injury

кровотечение

bleeding

инфаркт

heart attack

инсульт

stroke

аллергия

allergy

кашель

cough

повышенная температура

fever

грипп

flu

понос

diarrhoea

головная боль

headache

рак

cancer

диабет

diabetes

хирург

surgeon

скальпель

scalpel

операция

operation

КТ

CT

рентген

x-ray

ультразвук

ultrasound

маска

face mask

болезнь

disease

приёмная

waiting room

костыль

crutch

пластырь

plaster

бинт

bandage

укол

injection

стетоскоп

stethoscope

носилки

stretcher

термометр

clinical thermometer

рождение

birth

избыточный вес

overweight

слуховой аппарат

hearing aid

дезинфекционное средство

disinfectant

инфекция

infection

вирус

virus

ВИЧ / СПИД

HIV / AIDS

лекарство

medicine

прививка

vaccination

таблетки

tablets

противозачаточная таблетка

pill

экстренный вызов

emergency call

прибор для измерения кровяного давления

blood pressure monitor

больной / здоровый

sick / healthy

Помогите!

Help!

сигнал тревоги

alarm

нападение

assault

атака

attack

опасность

danger

запасной выход

emergency exit

Пожар!

Fire!

огнетушитель

fire extinguisher

несчастный случай

accident

аптечка

first-aid kit

SOS

SOS

милиция

police

Европа

Europe

Северная Америка

North America

Южная Америка

South America

Африка

Africa

Азия

Asia

Австралия

Australia

Атлантический океан

Atlantic

Тихий океан

Pacific

Индийский океан

Indian Ocean

Антарктический океан

Antarctic Ocean

Северный Ледовитый океан

Arctic Ocean

Северный полюс

North Pole

Южный полюс

South Pole

Антарктика

Antarctica

земля

Earth

суша

land

море

sea

остров

island

нация

nation

государство

state

циферблат

clock face

часовая стрелка

hour hand

минутная стрелка

minute hand

секундная стрелка

second hand

Который час?

What time is it?

день

day

время

time

сейчас

now

электронные часы

digital watch

минута

minute

час

hour

понедельник
Monday

среда
Wednesday

пятница
Friday

вторник
Tuesday

четверг
Thursday

суббота
Saturday

воскресенье
Sunday

вчера

yesterday

сегодня

today

завтра

tomorrow

утро

morning

полдень

noon

вечер

evening

рабочие дни

business days

выходные

weekend

дождь
▶ rain

радуга
▶ rainbow

ветер
wind

снег
snow

весна
spring

лето
summer

осень
autumn

зима
winter

прогноз погоды
....
weather forecast

термометр
....
thermometer

солнечный свет
....
sunshine

туча
....
cloud

туман
....
fog

влажность воздуха
....
humidity

молния

lightning

гром

thunder

буря

storm

град

hail

муссон

monsoon

наводнение

flood

лёд

ice

январь

January

февраль

February

март

March

апрель

April

май

May

июнь

June

июль

July

август

August

сентябрь

September

октябрь

October

ноябрь

November

декабрь

December

формы

shapes

круг

circle

квадрат

square

прямоугольник

rectangle

треугольник

triangle

шар

sphere

куб

cube

белый

white

желтый

yellow

оранжевый

orange

розовый

pink

красный

red

лиловый

purple

синий

blue

зелёный

green

коричневый

brown

серый

grey

черный

black

много / мало

a lot / a little

яростный / мирный

angry / calm

красивый / уродливый

beautiful / ugly

начало / конец

beginning / end

большой / маленький

big / small

светлый / темный

bright / dark

брат / сестра

brother / sister

чистый / грязный

clean / dirty

полный / неполный

complete / incomplete

день / ночь

day / night

мёртвый / живой

dead / alive

широкий / узкий

wide / narrow

съедобный / несъедобный

edible / inedible

злой / дружелюбный

evil / nice

взволнованный / скучающий

excited / bored

толстый / худой

fat / thin

сначала / в конце

first / last

друг / враг

friend / enemy

полный / пустой

full / empty

твёрдый / мягкий

hard / soft

тяжёлый / легкий

heavy / light

голод / жажда

hunger / thirst

больной / здоровый

sick / healthy

незаконный / законный

illegal / legal

умный / глупый

intelligent / stupid

слева / справа

left / right

близко / далеко

near / far

новый / подержанный

new / used

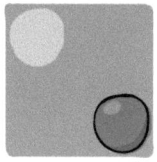

ничто / нечто

nothing / something

старый / молодой

old / young

включено / выключено

on / off

открыто / закрыто

open / closed

тихо / громко

quiet / loud

богатый / бедный

rich / poor

правильный /
неправильный
right / wrong

шероховатый / гладкий

rough / smooth

печальный / счастливый

sad / happy

короткий / длинный

short / long

медленный / быстрый

slow / fast

мокрый / сухой

wet / dry

тёплый / прохладный

warm / cool

война / мир

war / peace

0

ноль

zero

1

один

one

2

два

two

3

три

three

4

четыре

four

5

пять

five

6

шесть

six

7

семь

seven

8

восемь

eight

9

девять

nine

10

десять

ten

11

одиннадцать

eleven

12

двенадцать

twelve

13

тринадцать

thirteen

14

четырнадцать

fourteen

15

пятнадцать

fifteen

16

шестнадцать

sixteen

17

семнадцать

seventeen

18

восемнадцать

eighteen

19

девятнадцать

nineteen

20

двадцать

twenty

100

сто

hundred

1.000

тысяча

thousand

1.000.000

миллион

million

английский
....
English

американский английский
....
American English

мандаринский китайский
....
Mandarin Chinese

хинди
....
Hindi

испанский
....
Spanish

французский
....
French

арабский
....
Arabic

русский
....
Russian

португальский
....
Portuguese

бенгальский
....
Bengali

немецкий
....
German

японский
....
Japanese

я
I

ты
you

он / она / оно
he / she / it

мы
we

вы
you

они
they

кто?
who?

что?
what?

как?
how?

где?
where?

когда?
when?

имя
name

за

behind

в

in

перед

in front of

над

over

на

on

под

under

рядом

beside

между

between

место

place